BEI GRIN MACHT SICH IHR WISSEN BEZAHLT

- Wir veröffentlichen Ihre Hausarbeit, Bachelor- und Masterarbeit

- Ihr eigenes eBook und Buch - weltweit in allen wichtigen Shops

- Verdienen Sie an jedem Verkauf

Jetzt bei www.GRIN.com hochladen und kostenlos publizieren

Bibliografische Information der Deutschen Nationalbibliothek:

Die Deutsche Bibliothek verzeichnet diese Publikation in der Deutschen National-bibliografie; detaillierte bibliografische Daten sind im Internet über http://dnb.d-nb.de/ abrufbar.

Impressum:

Copyright © 2015 GRIN Verlag, Open Publishing GmbH
Druck und Bindung: Books on Demand GmbH, Norderstedt Germany
ISBN: 9783668275409

Dieses Buch bei GRIN:

http://www.grin.com/de/e-book/337692/gruendung-einer-multifunktionalen-fitness-und-gesundheitsanlage

Florian Schweer

Gründung einer multifunktionalen Fitness- und Gesundheitsanlage

Strategische Unternehmensführung II

GRIN Verlag

GRIN - Your knowledge has value

Der GRIN Verlag publiziert seit 1998 wissenschaftliche Arbeiten von Studenten, Hochschullehrern und anderen Akademikern als eBook und gedrucktes Buch. Die Verlagswebsite www.grin.com ist die ideale Plattform zur Veröffentlichung von Hausarbeiten, Abschlussarbeiten, wissenschaftlichen Aufsätzen, Dissertationen und Fachbüchern.

Deutsche Hochschule für
Prävention und Gesundheitsmanagement
Hermann Neuberger Sportschule 3
66123 Saarbrücken

Einsendeaufgabe

Fachmodul:	Strategische Unternehmensführung II
Studiengang:	MA in Prävention und Gesundheitsmanagement
Datum Präsenzphase:	04.05.15 – 07.05.15
Name, Vorname:	Schweer Florian
Studienort:	Saarbrücken
Semester:	SS14

Inhaltsverzeichnis

1 Vorstellung Musterunternehmen & Strategie

1.1 Allgemein

Geplant ist die Gründung einer multifunktionalen Fitness- und Gesundheitsanlage in Münster. In diese Anlage werden verschiedene Angebotsstrukturen implementiert. Es werden Krafttrainingsangebote und Kurse sowie Wellness und Entspannung für mehrere Zielgruppen angeboten. Dabei wird die Hauptzielgruppe „Gesund und vital" bestimmt. Personen dieser Zielgruppe sind zwischen 30 – 45 Jahre alt und wollen gesundheitsorientiertes Training und Entspannung, weiter legen sie Wert auf gute Trainingsbetreuung, fachkundige Beratung und ein hochwertiges Angebot. Außerdem verfügt diese Zielgruppe über eine hohe Kaufkraft. Als Kerndienstleistung wird das gesundheitsorientierte Krafttraining bestimmt.

Dieses Angebot zeichnet sich durch einen hohen Grad an Betreuungsqualität und Service aus, der dem Personaltraining gleich kommt. Als Ergänzung wird Damenfitness als separate Dienstleistung angeboten. Alle Fitness- und Gesundheitsangebote werden mit der Möglichkeit versehen, im eigenen Wellnessbereich einen Ort für Ruhe und Entspannung zu finden. Der Wellnessbereich in großzügiger und gehobener Gestaltung bietet ein Naherholungserlebnis. So wird in dieser Anlage ein individuelles Leistungsspektrum angeboten, das zielgruppenspezifisch alle Möglichkeiten bietet, einen Ansprechpartner für alle Belange der Fitness und Gesundheit sowie der Entspannung zu vereinen.

Für das Unternehmen wird ein ehemaliges Großhandelsgebäude im Gewerbegebiet Loddenheide in Münster mit zwei Etagen angemietet, renoviert und umgebaut. Das Gebäude verfügt über eine Nutzfläche von 2.560 Quadratmetern und das Investitionsvolumen wird nach einer ersten Berechnung zunächst grob auf 960.000,- Euro festgesetzt.

1.2 Strategie

Nach der Bewertung der Unternehmensstärken und -schwächen erfolgt die Strategieauswahl. Zunächst werden die Strategien für die ersten drei Geschäftsjahre bestimmt. Auf der Unternehmensebene wird übergeordnet als Gesamtunternehmensstrategie eine Wachstumsstrategie, die Strategie der Marktdurchdringung, ausgewählt. Auf der Ebene der Geschäftsbereiche wird als Strategie die Differenzierungsstrategie in Form der Qualitätsführerschaft bestimmt. Im Rahmen der Funktionsbereiche wird der Fokus auf die

Marketing- und Personalstrategien gerichtet. Die folgende Abbildung dient als Überblick der selektierten Strategien.

Tab. 1: Übersicht Strategien „Mittelpunkt"

Ebene		Strategie
Unternehmensebene	Entwicklungsrichtung	• Wachstumsstrategie
	Produkt-Markt-Kombination	• Marktdurchdringung
	Regionaler Geltungsbereich	• Lokal
	Grad der Eigenständigkeit	• Autonom
Geschäftsbereichs-ebene	Ansatzpunkte für Wettbewerbsvorteile	• Qualitätsführerschaft • Differenzierungsstrategie
Funktionsbereichs-ebene	Fokus	• Personalstrategie • Marketingstrategie

Es kann festgehalten werden, dass bei einer exakten Umsetzung und im Rahmen planungsnaher Unternehmensführung eine erfolgreiche Unternehmensgründung zu erwarten ist. Anhand der Phase der strategischen Zielplanung und im Rahmen der Unternehmens- und Umweltanalyse wird schnell deutlich, dass die Komplexität der Unternehmung hoch einzustufen ist. Das Unternehmen wählt als „Stoßrichtung" die Wachstumsstrategie. Hierbei wird das Unternehmen mit einem bestehenden Produkt in einen bestehenden Markt eindringen. Aufgrund dessen findet die Strategie der Marktdurchdringung ihre Anwendung. Das Unternehmen „Mittelpunkt" strebt in den ersten drei Geschäftsjahren eine Qualitätsführerschaft im Marktgebiet an. Alle Teilziele, die dafür erforderlich sind und die Strukturierung der Funktionsbereiche sind bereits im Rahmen der Planung sehr ausgereift. Es ist zu erwarten, dass zum Zeitpunkt der Unternehmensgründung alle notwendigen Vorkehrungen getroffen sind, um eine erfolgreiche wirtschaftliche Zukunft einzuleiten.

2 Strategieimplementierung als kontinuierlicher Prozess

Anmerkung: Die Lösung dieser Aufgabe konzentriert sich auf die Differenzierungsstrategie in Form der Qualitätsführerschaft und behandelt somit die Implementierung der Geschäftsbereichsstrategie. Dabei findet das Prozessmodell nach KOLKS (1990, S. 257) Anwendung, welches sich aus den Punkten „Implementierungsplanung", „Implementierungsrealisation" und „Implementierungskontrolle" zusammensetzt. Diese drei

Teilschritte lassen sich in weitere Unterpunkte gliedern, was anhand der nachfolgenden Abbildung ersichtlich ist.

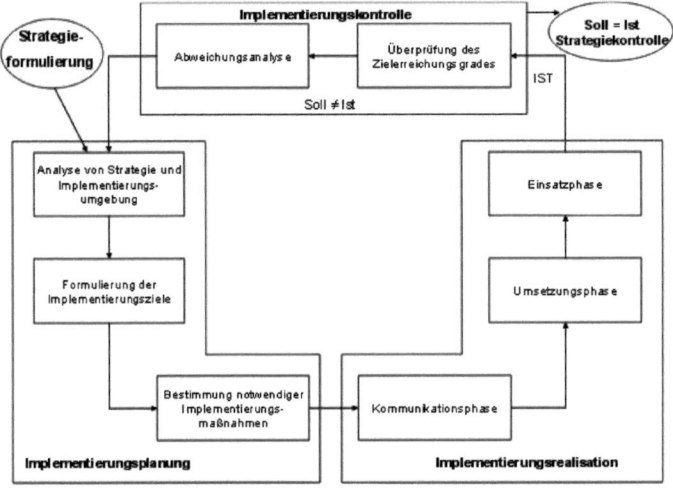

Abb. 1: Vorgehensmodell der Strategieimplementierung (Kolks, 1990, S. 257)

2.1 Implementierungsplanung

Die Implementierungsplanung bildet die erste der drei Hauptphasen und lässt sich in die Teilschritte „Analyse von Strategie und Implementierungsumgebung", „Formulierung der Implementierungsziele" sowie „Bestimmung notwendiger Implementierungsmaßnahmen" gliedern.

2.1.1 Analyse von Strategie und Implementierungsumgebung

Zuerst wird die zu implementierende Strategie auf ihre Operationalität, Widerspruchsfreiheit und Transparenz geprüft. Die Analyse dient weiter dazu festzustellen, wie groß der aufgrund der Implementierung notwendige Wandel im Unternehmen sein wird und welche Bereiche betroffen sein werden. Dies bildet die Basis für die Formulierung der Implementierungsziele.

In Bezug auf das Unternehmen „Mittelpunkt" wird in dieser ersten Phase die Differenzierungsstrategie in Form der Qualitätsführerschaft analysiert und auf die drei oben genannten Kriterien überprüft. Weiter wird festgehalten, dass sich die Strategie der Qualitätsführerschaft nur erfolgreich implementieren lässt, wenn alle Geschäftsbereiche (Service/Wellness, Sales, Training und Kurse) konsequent danach ausgerichtet werden.

2.1.2 Formulierung der Implementierungsziele

Die Implementierungsziele lassen sich in Vorgehens- und Systemziele unterscheiden. Erstere beziehen sich auf den Ablauf und Aufbau und somit die Durchführung der Implementierung, während dem sich die Systemziele mit dem eigentlichen Inhalt der Implementierung und somit den anzupassenden Erfolgsfaktoren beschäftigt.

Ein Vorgehensziel bei der Implementierung der Strategie der Qualitätsführerschaft im „Mittelpunkt" könnte beispielsweise folgendes sein: Die Gesamtkosten für die Implementierung sollen in den nächsten 6 Monaten nicht mehr als 20'000 Euro betragen. Ein Systemziel könnte zum Beispiel sein: Die drei Monate nach der Eröffnung erstmalig gemessene Kundenzufriedenheit soll, gemessen anhand eines Fragebogens, auf einer Skala von 1 („sehr, sehr schlecht") bis 10 („sehr, sehr gut) mindestens 8 betragen. Dies würde ein Hinweis für eine hohe Qualität und somit für eine erfolgreiche Implementierung der Strategie sein.

2.1.3 Bestimmung notwendiger Implementierungsmaßnahmen

Anhand der bestimmten Ziele lassen sich nun für die betroffenen Unternehmensbereiche detaillierte Implementierungsmaßnahmen erarbeiten, mit denen diese Ziele erreicht werden können.

Im „Mittelpunkt" könnten solche Maßnahmen unter anderem die Durchführung von Mitarbeiterschulungen in Bezug auf Servicequalität sowie die Erarbeitung eines qualitativ hochwertigen Testingkonzepts im Trainingsbereich sein, um eine Qualitätsführerschaft zu erreichen.

2.2 Implementierungsrealisation

Die Implementierungsrealisation als zweite Phase des Prozesses der Strategieimplementierung lässt sich in die Bereiche „Kommunikationsphase", „Umsetzungsphase" und „Einsatzphase" untergliedern.

2.2.1 Kommunikationsphase

Die Kommunikationsphase nimmt hauptsächlich verhaltensbezogene Aufgaben in Bezug auf die Durchsetzung der Strategie war. In dieser Phase werden den Mitarbeitern des Unternehmens die Inhalte der Strategie durch Schulungen vermittelt.

Auch im „Mittelpunkt" findet die Kommunikation der Differenzierungsstrategie durch mehrere Mitarbeiterschulungen und -workshops statt. Dabei lernen die Mitarbeiter unter anderem, warum es wichtig ist, ein Unternehmen nach einer gewissen Strategie auszurichten, was Qualität bedeutet und wie eine qualitativ hochwertige Dienstleistung im Unternehmen „Mittelpunkt" erreicht werden kann.

2.2.2 Umsetzungsphase

Diese Phase dient hauptsächlich der Zusammenstellung von Projektteams, welche die Maßnahmen zur Neuausrichtung der einzelnen Geschäftsbereiche in einem späteren Schritt durchführen. Diese Projektteams unterteilen dann die Strategiemaßnahmen in einzelne durchzuführende Aktionen.

Im „Mittelpunkt" wird aus der Bereichsleitung Training sowie zwei weiteren Trainern ein Projektteam gebildet, welches für die Strategieimplementierung im Bereich „Training" zuständig sein wird. Dieses Team unterteilt dann die Strategiemaßnahme „Erarbeitung eines qualitativ hochwertigen Testingkonzepts" in „Ist-Analyse", „Auswahl und Kauf eines Konzepts", „Implementierung des Konzeptes" und „Kontrolle der Maßnahme".

2.2.3 Einsatzphase

Die Einsatzphase stellt den letzten Teilschritt der Implementierungsrealisation dar und beschreibt die effektive Implementierung der Strategie in den einzelnen Geschäftsbereichen durch die Realisation der einzelnen Aktionen.

Im „Mittelpunkt" werden in dieser Phase die oben genannten Aktionen vom Projektteam durchgeführt und somit ein Testingkonzept angeschafft und implementiert.

2.3 Implementierungskontrolle

Die letzte Phase im Prozessmodell besteht aus den Teilphasen „Überprüfung des Zielerreichungsgrades" und „Abweichungsanalyse".

2.3.1 Überprüfung des Zielerreichungsgrades

In dieser Phase werden die Ergebnisse der Strategieimplementierungsmaßnahmen mit den Zielen verglichen.

Im „Mittelpunkt" vergleicht die Unternehmensführung die Ergebnisse der einzelnen Maßnahmen wie beispielsweise die Verbesserung der Servicequalität sowie die Implementierung des Testingkonzepts mit dem Systemziel „Erreichung des Wertes 8 bei der erstmaligen Messung der Kundenzufriedenheit". Dies geschieht durch eine schriftliche Befragung der Mitglieder.

2.3.2 Abweichungsanalyse

Werden bei der Überprüfung des Zielerreichungsgrades Abweichungen festgestellt, so ist in dieser Phase die Aufgabe, die Ursachen dafür zu eruieren, um die Maßnahmen anzupassen oder aber die Ziele zu verändern.

Im „Mittelpunkt" hat die Überprüfung der Zielerreichung ergeben, dass bei der Kundenzufriedenheit nur eine 6 statt einer 8 erreicht werden konnte. Die Strategie der Qualitätsführerschaft wurde somit nicht zufriedenstellend implementiert, da das Implementierungsziel nicht erreicht wurde. Aus diesem Grund beschließt die Geschäftsleitung, eine weitere Maßnahme einzuleiten, indem jedem Kunden beim Training kostenlos ein mit dem Unternehmenslogo besticktes Handtuch angeboten wird. Nach drei Monaten soll die Kundenzufriedenheit nochmals erhoben werden.

2.4 Zu beachtende sach- und verhaltensbezogene Aufgaben

2.4.1 Sachbezogene Aufgaben

Die sachbezogenen Aufgaben beziehen sich auf die Umsetzung der Strategie. Dabei wird die Strategie zum einen konkretisiert und zum anderen sämtliche Erfolgsfaktoren auf die Strategie ausgerichtet (Welge & Al-Laham, 2008, S. 794).

Bei der Konkretisierung wird die Strategie für jeden Unternehmensbereich in Teilstrategien gegliedert, aus welchen wiederum mittel- und langfristige Maßnahmen abgeleitet werden. Für das Unternehmen „Mittelpunkt" könnte dies bedeuten, dass die Strategie der Qualitätsführerschaft unter anderem auf den Bereich „Training" heruntergebrochen und die Teilstrategie „Langfristige Qualitätserhöhung im Bereich Training" definiert wird. Weiter werden Maßnahmen definiert, wie diese erreicht werden kann. Dies könnte beispielsweise mit Mitarbeiterschulungen und der Implementierung von Servicestandards geschehen.

Es gilt aber nicht nur, alle Unternehmensbereiche, sondern auch alle Erfolgsfaktoren, insbesondere das Personal, die Organisationsstruktur, die Information aus Managementsystemen sowie die Unternehmenskultur auf die Strategie auszurichten. So muss beispielsweise auch im Unternehmen „Mittelpunkt" überprüft werden, ob die Unternehmenskultur mit der Strategie der Qualitätsführerschaft stimmig ist. Stellt man fest, dass generell kein Qualitätsstreben und –Affinität da ist, müssen Maßnahmen ergriffen werden, um die Unternehmenskultur anzupassen.

Die verhaltensbezogenen Aufgaben beziehen sich auf die Durchsetzung der Strategie. Durch bereits vorhandene, ungünstige Denkstrukturen können Implementierungsbarrieren entstehen, welche die Implementierung verlangsamen oder sogar verhindern können. Mithilfe der Durchsetzung der Strategie sollen solche Implementierungsbarrieren verhindert werden. Verhaltensbezogene Aufgaben sind demnach die Vermittlung der Strategie sowie die Schaffung eines Konsenses, sollten Widerstände auftreten.

Im „Mittelpunkt" werden Schulungen und –Workshops durchgeführt, bei welchen den Mitarbeitern die Strategie, deren Sinn sowie der Aufbau und Ablauf ihrer Implementierung vermittelt wird. Sollten Konflikte auftreten, werden diese mittels Konfliktmanagement gelöst.

3   Strategic Change und mögliche Widerstandsformen

3.1 Endwerte

Die Endwerte lassen sich am besten aus dem Leitbild ableiten:

Tab. 2: Leitbild des Unternehmens „Mittelpunkt"

Leitbild: Unsere Werte	Begründung
Ganzheitlichkeit im Mittelpunkt	Unsere Kunden erhalten alle Leistungen der Bereiche Fitness und Gesundheit aus einer Hand. Durch die spezielle Ausrichtung auf den ganzheitlichen Dienstleistungsansatz bekommen Kunden alle Dienstleistungen an einem Ort.
Kundenorientierung im Mittelpunkt	Das Wohl des Kunden sowie die Befriedigung seiner Bedürfnisse sind unser höchstes Gut. Wir streben stets danach, unsere Gäste nicht nur zufriedenzustellen, sondern sie zu begeistern, indem wir in allen Belangen höchste Qualität garantieren.
Größtmögliche Individualität im Mittelpunkt	Für uns gibt es keine Kompromisse, nur die optimale Zusammenstellung von Produkten für jeden Kunden. Dabei werden auch ausgefallene Anforderungen an die Trainingsmöglichkeiten berücksichtigt und ein großer Rahmen an flexiblen Lösungsansätzen für den Einzelfall realisiert. Der Kunde gewinnt somit einen Ansprechpartner, der den individuellen körperlich-seelischen Ausgleich ermöglicht und somit nachhaltig zur Steigerung der Le-

	bensqualität beiträgt.
Faire Preise im Mittelpunkt	Wir möchten jedem, unabhängig seiner Kaufkraft, durch ein breit gefächertes Angebot die Möglichkeit bieten, bei uns seine Ziele im Bereich Gesundheit, Fitness & Wellness zu erreichen. Deshalb machen wir den Anspruch an moderne Trainingstechnologien für jeden Kunden zugänglich und garantieren ein hochwertiges Dienstleistungspaket zu einem günstigen Preis.
Der Weg an die Spitze im Mittelpunkt	Wir messen uns an den Besten und setzen Standards. Unsere Kunden sollen das bekommen, was sie auch verdienen: beste Dienstleistung in den Bereichen Fitness, Gesundheit und Wellness.
Erfolg des Kunden im Mittelpunkt	Wir halten, was wir versprechen: durch unsere langjährige Expertise im Fitness- und Gesundheitsbereich bieten wir unseren Kunden hochwertige Erlebnisse, die sich bereits in der Praxis bewährt haben. Trends garantieren keinen Kundenerfolg, höchste Fachkompetenz hingegen schon.
Mitarbeiter im Mittelpunkt	Erst die Zufriedenheit des Mitarbeiters ermöglicht die Begeisterung des Kunden. Uns ist bewusst, dass eine optimale Leistungserbringung des Unternehmens nur mit zufriedenen und hochmotivierten Mitarbeitern möglich ist. Die persönliche und berufliche Entwicklung jedes Einzelnen ist uns deshalb sehr wichtig, weshalb wir auch großen Wert auf eine individuelle Förderung legen. Des Weiteren ist für uns eine faire Entlöhnung selbstverständlich.

Aus dem Leitbild können folgende fünf Endwerte herausgelesen werden:

Ganzheitlichkeit

Fairness

Individualität

Erfolgsorientierung

Kundenorientierung

3.2 Strategic Change

In den ersten Monaten nach der Gründung entwickelte sich das Unternehmen prächtig. Dank der erfolgreichen Implementierung der Strategie der Qualitätsführerschaft konnte sich das „Mittelpunkt" von seinen Mitbewerbern abheben und sich so einen Marktvorteil verschaffen. Die Mitgliederzahlen stiegen stetig und die Kundenzufriedenheit war hoch.

Doch zwei Jahre nach Bestehen des „Mittelpunkt" eröffnete im Marktgebiet ein Mitbewerber ein Gesundheitscenter mit derselben strategischen Ausrichtung und Zielgruppe: Differenzierung durch Qualitätsführerschaft sowie die Hauptzielgruppe „gesund und vital". Im Vergleich zum „Mittelpunkt" kann der Mitbewerber mit einem großzügigeren Wellnessbereich und Gratisparkplätzen punkten. Dies führte dazu, dass der Mitgliederbestand im „Mittelpunkt" immer schwächer wuchs und dann sogar zu stagnieren drohte. Als erste Gegenmaßnahme wurde zuerst versucht, die eigene Strategie der Qualitätsführerschaft noch konsequenter zu verfolgen, indem die Service- und Betreuungsqualität durch Mitarbeiterschulungen und -Weiterbildungen noch weiter gesteigert wurde. Doch die Stagnation des Mitgliederbestandes konnte nicht verhindert werden, aufgrund der außerordentlichen Stärke des Mitbewerbers scheint eine strategische Neuausrichtung sinnvoll.

Aus diesem Grund hat sich die Unternehmensführung entschieden, einen „Strategic Change" zu vollziehen und nun zur eigentlichen Geschäftsbereichsstrategie der Differenzierung über eine Qualitätsführerschaft zusätzlich eine Nischenstrategie zu erarbeiten und implementieren, um den langfristigen Geschäftserfolg trotz des neuen Mitbewerbers sicherstellen zu können.

3.3 Maßnahmen im Rahmen des Managementkreislaufes

Der Managementkreislauf besteht aus den Teilbereichen Zielsetzung, Planung, Organisation, Umsetzung und Kontrolle und veranschaulicht die Aufgaben der Unternehmensführung.

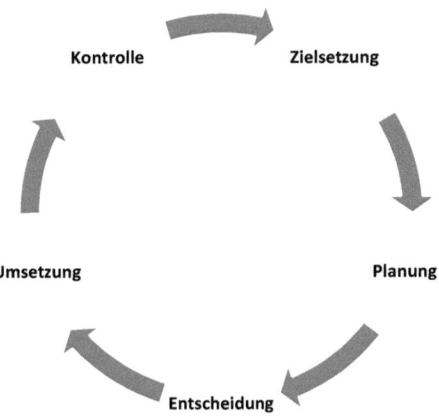

Abb. 2: Managementkreislauf (eigene Darstellung)

3.3.1   Zielsetzung

In einer ersten Phase muss ein zur neuen Strategie Bezug nehmendes Unternehmensziel definiert werden. Dabei wird das neue Ziel nach den Kriterien von SMART (spezifisch, messbar, akzeptiert, realistisch und terminiert) formuliert. Die Unternehmensführung des „Mittelpunkt" möchte sich in der Nische „Adipositas" neu positionieren. Folgendes Unternehmensziel wird festgelegt: Bis in zwei Jahren soll der jährliche Umsatz durch die Nische Adipositas 250'000 Euro betragen. Weitere Unterziele werden für jeden Geschäftsbereich definiert.

3.3.2   Planung

Im Rahmen der Planung muss festgelegt werden, wie dieses Ziel erreicht werden soll. Die Unternehmensführung konzipiert deshalb verschiedene Maßnahmen. Für das „Mittelpunkt" könnte dies bedeuten, dass das Management beispielsweise unter anderem folgende Maßnahmen plant: Mitarbeiterweiterbildungen im Bereich Adipositas sowie zusätzliche Personalrekrutierung von Personen mit fachspezifischen Kompetenzen, Implementierung einer Ernährungsberatung, von Adipositas-spezifischen Groupfitnesskursen sowie eines Trainingsbereiches für die Nischenzielgruppe mit speziellen Kraft- und Ausdauergeräten für stark Übergewichtige.

3.3.3   Entscheidung

Im Rahmen dieser Phase entscheidet das Management, welche der zuvor konzipierten Maßnahmen umgesetzt werden.

Die Unternehmensführung des „Mittelpunkt" entscheidet sich, alle geplanten Maßnahmen mit Ausnahme der zielgruppenspezifischen Groupfitnesskurse umzusetzen.

3.3.4 Umsetzung

Diese Phase bezieht sich auf die tatsächliche Implementierung der geplanten und zur Umsetzung freigegebenen Maßnahmen.

Im „Mittelpunkt" werden im Rahmen dieser Phase die zur Umsetzung freigegebenen Maßnahmen in die Realität umgesetzt: Es werden Mitarbeiterweiterbildungen durchgeführt, zusätzliches Personal angestellt, ein Trainingsbereich für die Nischenzielgruppe eingerichtet und eine Ernährungsberatung aufgebaut.

3.3.5 Kontrolle

Zum einen beschreibt diese Phase die Überprüfung des Zielerreichungsgrades und somit den Vergleich zwischen dem Unternehmensziel und dem tatsächlich erreichten Wert. Sollte das Ziel nicht erreicht worden sein, beginnt der Kreislauf von neuem, wobei entweder das Ziel angepasst wird oder weitere Maßnahmen zur Zielerreichung geplant werden. Zum anderen betrifft diese Phase die permanente, prozessbegleitende Kontrolle im Rahmen der einzelnen Punkte des Managementkreislaufes.

Im „Mittelpunkt" sorgt die die Unternehmensführung während des gesamten Prozesses mittels einer Ist-Soll-Analyse für einen reibungslosen Vollzug des Strategic Changes. Weiter wird nach q Jahr festgehalten, ob das gesteckte Unternehmensziel (Bis in zwei Jahren soll der jährliche Umsatz durch die Nische Adipositas 250'000 Euro betragen.) eingehalten werden kann. Sollte dies nicht der Fall sein, hat das Management entweder zu entscheiden, ob das Ziel zu hoch angesetzt wurde und angepasst werden muss oder ob weitere Maßnahmen eingeleitet werden müssen, um das Ziel erreichen zu können.

3.4 Widerstandsformen

Widerstände gegenüber Veränderungsprozessen können offensichtlich oder auch latent sein und werden immer von Personen ausgedrückt (Müller-Stewens & Lechner, 2005, S. 579). Trotz des Austausches dieser Personen kann der Widerstand weiter bestehen, was als Systemabwehr bezeichnet wird. Die Widerstände können derart stark sein, dass der von der Unternehmensführung geplante Wandel nicht durchgeführt werden kann und können aktiv oder passiv sowie verbal oder non-verbal sein:

Tab. 3: Allgemeine Symptome für Widerstand (Doppler & Lauterburg, 1997, S. 296)

Allgemeine Symptome für Widerstand		
	Verbal (Reden)	**Non-verbal** (Verhalten)
Aktiv (Angriff)	**Widerspruch** Gegenargumentation Vorwürfe Drohungen Polemik Sturer Formalismus	**Aufregung** Unruhe Streit Intrigen Gerüchte Cliquenbildung
Passiv (Flucht)	**Ausweichen** Schweigen Bagatellisieren Blödeln Ins Lächerliche ziehen Unwichtiges debattieren	**Lustlosigkeit** Unaufmerksamkeit Müdigkeit Fernbleiben Innere Emigration Krankheit

3.4.1 Mögliche Widerstandsformen im „Mittelpunkt"

Im Rahmen des Strategic Changes im „Mittelpunkt" ist es möglich, dass Widerstände gegen den Wandel auftreten. Diese könnten durch folgende Annahmen und Einstellungen ausgelöst werden:

- Annahme, dass kein entsprechender Markt besteht und die Nachfrage zu klein sein wird
- Kein persönliches Interesse an der Nischenzielgruppe
- Präferieren einer anderen Nischenzielgruppe oder einer anderen Strategie (z.B. Kostenführerschaft)
- Allgemeine Angst vor einem Wandel
- Arbeitsplatzunsicherheit

Folgende Widerstandsformen sind möglich:

3.4.1.1 Aktiv & verbal: Widerspruch

Teile des Personals oder die ganze Belegschaft suchen den Kontakt zur Unternehmensführung und versuchen dieses durch Gegenargumentation, Vorwürfe oder auch Drohungen davon zu überzeugen, den Wandel nicht zu vollziehen.

3.4.1.2 Aktiv & non-verbal: Aufregung

Hier suchen die Mitarbeiter nicht den Kontakt zur Geschäftsleitung, sondern der Widerstand kommt durch Unruhe, Streit, Intrigen, Gerüchte oder Cliquenbildung innerhalb der Belegschaft zum Ausdruck. Ein mögliches Szenario wäre zum Beispiel eine Cliquenbildung durch Unterstützer des Wandels auf der einen sowie Gegnern auf der anderen Seite.

3.4.1.3 Passiv & verbal: Ausweichen

Im Gegensatz zum Widerspruch wird der Widerstand beim Ausweichen nicht bewusst an die Unternehmensführung herangetragen, sondern drückt sich durch Schweigen, Bagatellisieren oder Blödeln passiv aus. Eine mögliche Situation wäre zum Beispiel, dass der strategische Wandel in einer Mittagspause von einigen Mitarbeitern ins Lächerliche gezogen wird.

3.4.1.4 Passiv & non-verbal: Lustlosigkeit

Diese Widerstandsform ist wohl am schwierigsten zu erkennen, da die Ausprägungen des Widerstandes eher schwer mit dem eigentlichen Grund in Verbindung zu bringen sind. So drückt sie sich durch Unaufmerksamkeit, Müdigkeit oder Fernbleiben vom Arbeitsplatz aus. Im „Mittelpunkt" könnte dies beispielsweise bedeuten, dass gewisse Mitarbeiter „nicht ganz bei der Sache" zu sein scheinen oder die Anzahl Fehltage zunehmen.

3.5 Wertekonformes Verhalten und Wertekonflikte

Festgelegte Unternehmenswerte stellen zusammen mit Normen die Basis der Unternehmenskultur dar. Die Unternehmenskultur als Normen- und Wertemuster hat einen großen Einfluss auf den Unternehmenserfolg (Scholz, 1996, S. 225). Durch die Tatsache, dass die Unternehmenskultur im Verhalten der Unternehmensmitglieder verankert ist, hat sie außerdem einen großen Einfluss auf die Entwicklung des Unternehmens und ist deshalb von hoher strategischer Bedeutung (Hungenberg & Wulf, 2003, S. 89).

Der Unternehmenserfolg kann nur gewährleistet werden, wenn die vorgeschriebenen, strategiekonformen Wertvorstellungen, niedergeschrieben in der Unternehmensverfassung und festgelegt durch die Unternehmensführung, auch durch die Mitglieder der Organisation gelebt werden und so in der Unternehmenskultur zum Ausdruck kommen. Die Wertekonformität stellt somit einen entscheidenden Punkt in Bezug auf den Unternehmenserfolg dar. Ist diese nicht gegeben, so entstehen Wertekonflikte, welche eine Gefahr für den wirtschaftlichen Erfolg des Unternehmens darstellen.

Zur Erinnerung: Im „Mittelpunkt" wurden aufgrund des Leitbildes die fünf Werte Ganzheitlichkeit, Fairness, Individualität, Erfolgsorientierung und Kundenorientierung festgelegt. Nur wenn es gelingt, dass diese Werte auch mit den Werten der Mitarbeiter übereinstimmen, wird das Unternehmen langfristig Erfolg haben können. Sollte beispielsweise die Mitarbeiter die Kundenorientierung nicht als wichtigen Wert ansehen, entstünde ein Wertekonflikt: Die Kundenorientierung wird zwar von der Unternehmensleitung propagiert, zum Beispiel durch Aussagen wie „Das Wohl des Kunden steht für uns stets im Mittelpunkt." im öffentlich ersichtlichen Leitbild, doch wird diese von den Mitarbeitern nicht umgesetzt, zum Beispiel, indem den Kunden allgemein wenig Beachtung geschenkt wird und sie nicht ausreichend betreut werden. Diese Diskrepanz bemerkt der Kunde und ist mit der Dienstleistung unzufrieden, was dazu führen kann, dass er diese nicht mehr konsumiert. Als Folge sinkt der Unternehmenserfolg.

Bei Führungskräften haben Wertekonflikte weiter einen Einfluss auf ihr Entscheidungsverhalten: Stimmen das Wertemuster der Person nicht mit jenem des Unternehmens überein, werden aus Sicht der Unternehmung Entscheidungen aufgrund eines falschen Wertemusters und somit unter Umständen nicht im Sinne des Unternehmens gefällt. Dies hat zur Folge, dass die eigentlich festgelegte Strategie nicht konsequent verfolgt und der Unternehmenserfolg geschmälert wird. Ein Beispiel soll dies verdeutlichen: Im „Mittelpunkt" entscheidet die Leitung Fitness, dass beim Eingangstest eines Neukunden zukünftig nur noch die Kraft-, nicht aber wie bis anhin die Ausdauer-, Beweglichkeits- und Koordinationsfähigkeit in die Trainingsplanung miteinfließt. Dies widerspricht aber dem Unternehmenswert der Ganzheitlichkeit. Obwohl dieser beispielsweise auf der Homepage und im Leitbild propagiert wird, wird er in diesem Fall im Bereich des Trainings aufgrund eines Wertekonfliktes zwischen der Führungsperson und dem Unternehmen aber nicht konsequent umgesetzt. Folglich leidet der Unternehmenserfolg aufgrund eines inkonsequenten Verfolgens der Strategie.

4 Balanced Scorecard

4.1 Strategiekarte & Ursache-Wirkungsketten

Ausgehend von der unter Punkt 1.2 beschriebenen Strategie, dem unter Punkt 3.1 festgehaltenen Leitbild und der Vision „Marktführendes Gesundheitsstudio in 5 Jahren im Marktgebiet" wird für das Unternehmen „Mittelpunkt" und die Geschäftsbereichstrategie der Qualitätsführerschaft folgende Strategiekarte mit zwei Ursache-Wirkungsketten entwickelt:

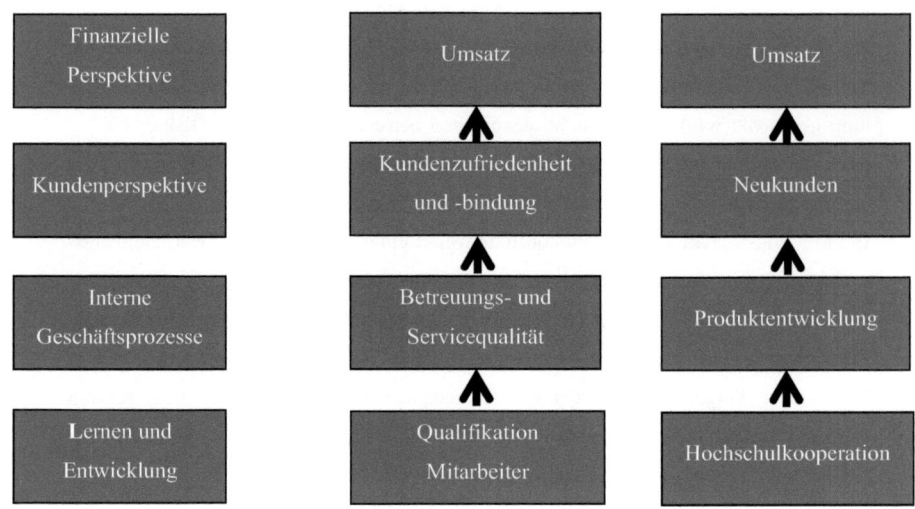

Abb. 3: Balanced Scorecard und zwei Ursache-Wirkungsketten des Unternehmens „Mittelpunkt"

4.1.1 Ursache-Wirkungskette 1

Im Bereich „Lernen und Entwicklung" soll die Qualifikation der Mitarbeiter verbessert werden. Durch gesteigerte Kompetenzen und Fähigkeiten des Personals, zum Beispiel durch eine höhere Freundlichkeit, wird sich im Bereich „interne Geschäftsprozesse" die Betreuungs- und Servicequalität verbessern. Aufgrund dessen kann eine höhere Kundenzufriedenheit erreicht werden, was sich wiederum positiv auf die Kundenbindung auswirkt. Eine höhere Kundenbindung schließlich führt zu höherem Umsatz, welcher als geeignetste Messgröße in Bezug auf die Marktführerschaft gilt.

4.1.2 Ursache-Wirkungskette 2

Durch erweiterte Kompetenzen mittels Hochschulkooperationen in der Perspektive „Lernen und Entwicklung" werden neue Produkte, respektive Dienstleistungen entwickelt, welche dann als Angebotserweiterung implementiert werden. Aufgrund des zusätzlichen Angebotes können somit zusätzliche Neukunden gewonnen werden, was sich wiederum positiv auf den Umsatz auswirkt und dem Unternehmen ermöglicht, sich im Rahmen der Wachstumsstrategie weitere Marktanteile zu sichern.

4.2 Ziele, Kennzahlen, Vorgaben und Maßnahmen

4.2.1 Lernen & Entwicklung

Tab. 4: Ziele, Kennzahlen, Vorgaben und Maßnahmen der Perspektive „Lernen & Entwicklung"

Ziel	Kennzahl	Vorgabe	Maßnahme
Qualifikation der Mitarbeiter verbessern	Anzahl teilgenommener Weiterbildungen pro Mitarbeiter	2 pro Jahr	Weiterbildungen anbieten und durchführen
Gewinnung von Hochschulen als Kooperationspartner	Anzahl der gewonnen Hochschulen	1 Hochschule in 2 Jahren	Persönliche Ansprache der Hochschulleitung

4.2.2 Interne Geschäftsprozesse

Tab. 5: Ziele, Kennzahlen, Vorgaben und Maßnahmen der Perspektive „Interne Geschäftsprozesse"

Ziel	Kennzahl	Vorgabe	Maßnahme
Betreuungs- und Servicequalität verbessern	Anzahl der Kundenkontakte pro Mitarbeiter	Durchschnittlicher Wert aller Mitarbeiter pro Tag: 32	Schulungen & Rollenspiele
Produktentwicklung	Anzahl der neu implementierten Produkte/Dienstleistungen	1 pro Jahr	Regelmäßige Sitzungen der Geschäftsleitung mit Vertretern der kooperierenden Hochschule; Durchlauf des Produktentwicklungsprozesses

4.2.3 Kundenperspektive

Tab. 5: Ziele, Kennzahlen, Vorgaben und Maßnahmen der Kundenperspektive

Ziel	Kennzahl	Vorgabe	Maßnahme
Kundenzufriedenheit verbessern	Fluktuation	Unter 25% bis Ende Jahr	Intensivere Betreuung der Mitglieder durch die Mitarbeiter
Mehr Neukunden	Anzahl der neu gewonnen Kunden	300 im Sommerhalbjahr, 600 im Winterhalbjahr	Marketinginvestitionen, Bewerbung der neuen Angebote

4.2.4 Finanzielle Perspektive

Tab. 6: Ziele, Kennzahlen, Vorgaben und Maßnahmen der finanziellen Perspektive

Ziel	Kennzahl	Vorgabe	Maßnahme
Umsatzerhöhung	Umsatz	Innerhalb 1 Jahres Steigerung um 10%	Siehe Ursache-Wirkungsketten: Verbesserung der Mitarbeiterkompetenzen, Betreuungsqualität, Kundenzufriedenheit, Hochschulkooperationen, Produkterweiterung, Neukundengewinnung. Weiter: Promotion, Empfehlungsmarketing, Social Media)

4.2.5 Frühindikatoren

Die meisten Kennzahlen, welche häufig verwendet werden, sind sogenannte Spätindikatoren. Vor allem jene, welche der Bilanz oder der Gewinn- und Verlustrechnung entnommen werden, werden erst gemessen, nachdem ein Prozess schon lange begonnen oder schon abgeschlossen wurde.

Frühindikatoren, auch Leistungstreiber genannt, hingegen werden schon zu Beginn eines Prozesses gemessen und ermöglichen es deshalb, schon früh Entwicklungen sichtbar zu machen. Früh- und Spätindikatoren werden aber nicht losgelöst voneinander betrachtet, sondern stehen in einem Zusammenhang. So kann durch die Frühindikatoren schon sehr früh eine Entwicklung der Spätindikatoren abgeschätzt werden. Somit besteht genügend Zeit, um im Falle einer unerwünschten Entwicklung Gegenmaßnahmen einleiten zu können. Für die Balanced Scorecard sind Frühindikatoren deshalb so wichtig, weil damit eine Verbindung zwischen der Budgetierungsebene und der strategischen Ebene geschaffen werden kann. Aus diesem Grund sollte bei der Erstellung der Balanced Scorecard darauf geachtet werden, dass für jede Perspektive Frühindikatoren definiert werden können. Vorzugsweise stehen sie im unteren Bereich einer Ursache-Wirkungskette.

Folgende Frühindikatoren sind in der oben stehenden Balanced Scorecard zu finden:

- Anzahl teilgenommener Weiterbildungen pro Mitarbeiter
- Anzahl der gewonnen Hochschulen
- Anzahl der Kundenkontakte pro Mitarbeiter
- Anzahl der neu implementierten Produkte/Dienstleistungen

5 Literaturverzeichnis

Doppler, K. & Lauterburg, C. (1997). *Change Management. Den Unternehmenswandel gestalten* (6. Aufl.). Frankfurt/Main: Campus.

Hungenberg, H. & Wulf, T. (2007). *Grundlagen der Unternehmensführung* (3. aktualisierte Aufl.). Berlin: Springer.

Kolks, U. (1990). *Strategieimplementierung – ein Anwenderorientiertes Konzept.* Wiesbaden: Deutscher Universitätsverlag.

Müller-Stewens, G. & Lechner, C. (2005). *Strategisches Management* (3. Aufl.). Stuttgart: Schäffer-Poeschel.

Scholz, C. (2000). *Strategische Organisation – Multiperspektivität und Virtualität* (2. Aufl.). Landsberg: Moderne Industrie.

Welge, M. & Al-Laham, A. (2008). *Strategisches Management. Grundlagen – Prozess – Implementierung* (5. vollständig überarbeitete Aufl.). Wiesbaden: Gabler.

6 Abbildungs- und Tabellenverzeichnis

6.1 Abbildungsverzeichnis

6.2 Tabellenverzeichnis